Cómo Crecer en Cristo Mientras Ayuda a Otros

GUÍA 4 DEL PARTICIPANTE

John Baker es el fundador de Celebremos la Recuperación, un ministerio nacido en el corazón de la Iglesia de Saddleback. En los veinte años anteriores, más de 11.500 individuos han pasado por este programa de recuperación Cristo-céntrico en Saddleback. El programa Celebremos la Recuperación está siendo usado ahora en más de 20.000 iglesias a lo largo de la nación. En 1993, John y el pastor Rick Warren escribieron el currículo de Celebremos la Recuperación, el que ha sido publicado y traducido a 23 idiomas.

John comenzó sirviendo en la Iglesia de Saddleback como pastor novato en 1991. En 1992, le solicitaron unirse al equipo de la iglesia como director de grupos pequeños y Celebremos la Recuperación. En 1995, sus responsabilidades incrementaron mientras se convertía en pastor de membresía. En esta posición, las responsabilidades de John incluían consejería pastoral, cuidado pastoral, Celebremos la Recuperación, grupos de apoyo, pequeños grupos y familia, solteros y ministerios de recreación. En 1996, él supervisó el desarrollo del nuevo ministerio de consejería en Saddleback.

En junio de 1997, John se convirtió en el pastor de ministerios, responsable del reclutamiento, entrenamiento y desarrollo de los miembros de la iglesia que servirían en uno de los más de 156 diferentes ministerios de Saddleback.

En 2001, Rick Warren le pidió a John que se convirtiera en el pastor de Celebremos la Recuperación. Este ministerio es a la medida de John, su pasión y su llamado. Adicionalmente, él es parte del equipo Con Propósito. John es un orador conocido a nivel nacional y entrenador para ayudar iglesias a iniciar el ministerio de Celebremos la Recuperación. Estos ministerios, en miles de iglesias, alcanzan no solo a sus congregaciones sino también a sus comunidades ayudando a aquellos que están lidiando con heridas, hábitos y frustraciones.

John y su esposa, Cheryl, han estado casados por más de cuarenta años y han servido juntos en Celebremos la Recuperación desde 1991. Tienen dos hijos adultos, Laura y Johnny. Laura y su esposo, Brian, tienen gemelos. Johnny y su esposa, Jeni, tienen tres hijos.

UN RECURSO DE RECUPERACIÓN, DE UNA VIDA CON PROPÓSITO®

JOHN BAKER

PRÓLOGO POR RICK WARREN

Cómo Crecer en Cristo Mientras Ayuda a Otros

GUÍA 4 DEL PARTICIPANTE

Un programa de recuperación basado en ocho principios de las Bienaventuranzas

Celebremos la Recuperación®

La misión de Editorial Vida es ser la compañía líder en satisfacer las necesidades de las personas, con recursos cuyo contenido glorifique al Señor Jesucristo y promueva principios bíblicos.

GUÍA 4 DEL PARTICIPANTE. CÓMO CRECER EN CRISTO MIENTRAS AYUDA A OTROS
Edición en español publicada por
Editorial Vida – 2003, 2014
Miami, Florida

Este título también está disponible en formato electrónico.

Originally published in the USA under the title:
Growing in Christ While Helping Others.

Editora en Jefe: *Graciela Lelli*
Diseño interior: *Mauricio Díaz*

ISBN: 978-0-8297-6668-4

CATEGORÍA: Ministerio cristiano / Consejería y recuperación

IMPRESO EN ESTADOS UNIDOS DE AMÉRICA
PRINTED IN UNITED STATES OF AMERICA

HB 05.23.2023

Contenido

Prólogo por Rick Warren

Sin duda que ha escuchado la expresión "el tiempo sana todas las heridas". Desdichadamente, no es verdad. Como pastor frecuentemente hablo con gente que todavía está llevando consigo las heridas desde hace 30 o 40 años. La verdad es que, el tiempo muy a menudo hace que las cosas empeoren. Las heridas que se dejan sin ser atendidas supuran y esparcen la infección alrededor de todo su cuerpo. El tiempo sólo extiende el dolor si el problema no es tratado.

Celebremos la Recuperación es un programa bíblico y balanceado para ayudar a la gente a vencer sus heridas, hábitos y frustraciones. Basado en las palabras reales de Jesús, más que en teoría sicológica, este programa de recuperación es más efectivo en ayudar a la gente a cambiar que cualquier otro que haya oído o visto. Por muchos años he sido testigo de cómo el Espíritu Santo ha usado este programa para transformar literalmente miles de vidas en la Iglesia de Saddleback y así mismo ha ayudado a mucha gente a crecer hacia una completa madurez cristiana.

Tal vez esté familiarizado con el clásico programa 12 Pasos de Alcohólicos Anónimos y de otros grupos. Aunque indudablemente muchas vidas han sido ayudadas a través de los 12 Pasos, siempre me he sentido incómodo con la ambigüedad del programa acerca de la naturaleza de Dios, el poder salvador de Jesucristo y el ministerio del Espíritu Santo. Así que inicié un estudio intenso de las Escrituras para descubrir lo que Dios tenía que decir acerca de la "recuperación". Para mi asombro, encontré los principios de recuperación, en su orden lógico, dados por Cristo en su más famoso mensaje, el Sermón del Monte.

Mi estudio resultó en una serie de mensajes de diez semanas llamada "El Camino a la Recuperación". Durante esa serie, mi pastor asociado John Baker desarrolló cuatro guías de los participantes, las cuales llegaron a ser el corazón de nuestro programa de Celebremos la Recuperación.

Dr. Rick Warren, pastor general,
Iglesia de Saddleback

Introducción

¡Felicidades! Ha terminado los primeros seis principios en su camino a la recuperación. Comenzó su viaje al "Cómo ir de la Negación a la Gracia de Dios". Luego enfrentó lo bueno y lo malo de su pasado en su "Inventario Espiritual". Y pasó los últimos meses "Mejorando su relación con Dios, con usted mismo y con otros".

Ahora está listo para comenzar a trabajar en los últimos dos principios en el camino a la recuperación. Estos principios son mucho más que mantenimiento. Al practicarlos, le ayudarán a continuar "Creciendo en Cristo mientras ayuda a otros", ¡un día a la vez!

El Principio 7 es donde usted aprende a llevar un INVENTARIO Diario y pararse en la ENCRUCIJADA de su recuperación. Comienza a vivir en la nueva libertad que encuentra en Cristo. Aprende que la mejor manera para prevenir una RECAÍDA es seguir creciendo en Cristo a través de su tiempo a solas con Dios y el estudio diario de Su Palabra. Además, el Principio 7 le ayudará a mantener una "actitud de GRATITUD".

Y finalmente, en el Principio 8 entiende cuán importante es DAR a otros lo que ha aprendido en su viaje. Jesús le dará el valor para salir y decir "SÍ" para ayudar a los nuevos asistentes y servir a otros.

Al trabajar con otros, como mentores o compañeros de rendición de cuentas, es importante que usted conozca las áreas y razones que pueden causarles que se estanquen en el camino a la recuperación. La lección 25 incluye las SIETE RAZONES POR LAS QUE NOS ESTANCAMOS EN NUESTRA RECUPERACIÓN.

Después de cada lección, hay un ejercicio para completar. Conteste cada pregunta lo mejor que pueda. No se preocupe pensando en lo que *debería* responder. Ore y luego escriba la respuesta de lo profundo de su corazón. Recuerde Juan 8:32: "Conocerán la verdad, y la verdad los hará libre".

Luego que haya completado el ejercicio, compártalo con alguien en quien confíe. Su grupo, un compañero de rendición de cuentas, o su mentor (de ellos se explica en la Guía del participante 2, Lección 7), son opciones seguras. Usted no se recupera de sus heridas, complejos y hábitos solamente asistiendo a las reuniones de Recuperación. ¡Debe trabajar y vivir los principios!

Ahora prepárese para el resto del viaje que Dios ha planeado para usted mientras celebra su recuperación – ¡un día a la vez!

En Sus pasos,
John Baker

El camino a la recuperación

Ocho principios basados en las Bienaventuranzas

Por el pastor Rick Warren

1. **R**econozco que no soy Dios. Admito que no tengo poder para controlar mi tendencia a hacer lo malo y que mi vida es inmanejable.

   "Dichosos los pobres en espíritu, porque el reino de los cielos les pertenece." (Mateo 5:3)

2. **E**n una forma sincera creo que Dios existe, que le intereso y que Él tiene el poder para ayudarme en mi recuperación.

   "Dichosos los que lloran, porque serán consolados." (Mateo 5:4)

3. **C**onscientemente decido comprometer toda mi vida y voluntad al cuidado y control de Cristo.

   "Dichosos los humildes, porque recibirán la tierra como herencia." (Mateo 5:5)

4. **U**na apertura para un autoexamen y confesión de mis faltas a Dios y a alguien en quien confío.

   "Dichosos los de corazón limpio, porque ellos verán a Dios." (Mateo 5:8)

5. **P**ara que Dios pueda hacer los cambios en mi vida, me someto voluntariamente a Él y con humildad le pido que remueva mis defectos de carácter.

"Dichosos los que tienen hambre y sed de justicia, porque serán saciados." (Mateo 5:6)

6. **E**valúo todas mis relaciones. Ofrezco perdón a aquellos que me han hecho daño y enmiendo los daños que he ocasionado a otros, excepto si cuando al hacerlo les dañara a ellos o a otros.

"Dichosos los compasivos, porque serán tratados con compasión." (Mateo 5:7)

"Dichosos los que trabajan por la paz, porque serán llamados hijos de Dios." (Mateo 5:9)

7. **R**eservo un tiempo diario con Dios para una autoevaluación, lectura de la Biblia y oración con el fin de conocer a Dios y Su voluntad para mi vida y obtener el poder para seguirla.

8. **A**l rendir mi vida a Dios para ser usada puedo llevar estas Buenas Nuevas a otros, tanto con mi ejemplo como con mis palabras.

"Dichosos los perseguidos por causa de la justicia, porque el reino de los cielos les pertenece." (Mateo 5:10)

DOCE PASOS Y SUS COMPARACIONES BÍBLICAS

1. Admitimos que no teníamos poder sobre nuestras adicciones y comportamientos compulsivos y que nuestras vidas habían llegado a ser inmanejables.

   "Yo sé que en mí, es decir, en mi naturaleza pecaminosa, nada bueno habita. Aunque deseo hacer lo bueno, no soy capaz de hacerlo." (Romanos 7:18)

2. Llegamos a creer que un poder más grande que nosotros puede restaurarnos a la cordura.

   "Pues es Dios quien produce en ustedes tanto el querer como el hacer para que se cumpla su buena voluntad." (Filipenses 2:13)

3. Tomamos la decisión de entregar nuestras vidas y nuestra voluntad al cuidado de Dios.

   "Por lo tanto, hermanos, tomando en cuenta la misericordia de Dios, les ruego que cada uno de ustedes, en adoración espiritual, ofrezca su cuerpo como sacrificio vivo, santo y agradable a Dios." (Romanos 12:1)

4. Hacemos un minucioso y audaz inventario moral de nosotros mismos.

   "Hagamos un examen de conciencia y volvamos al camino del SEÑOR." (Lamentaciones 3:40)

5. Admitimos ante Dios, a nosotros mismos y ante otro ser humano, la naturaleza exacta de nuestros pecados.

"Por eso, confiésense unos a otros sus pecados, y oren unos por otros para que sean sanados." (Santiago 5:16)

6. Estamos completamente listos para que Dios remueva todos nuestros defectos de carácter.

"Humíllense delante del Señor, y él los exaltará." (Santiago 4:10)

7. Humildemente le pedimos a Dios que remueva todas nuestras deficiencias.

"Si confesamos nuestros pecados, Dios, que es fiel y justo, nos los perdonará y nos limpiará de toda maldad." (1 Juan 1:9)

8. Hacemos una lista de todas las personas a quienes hemos lastimado y llegamos a estar dispuestos a enmendar todo lo que les hicimos.

"Traten a los demás tal y como quieren que ellos los traten a ustedes." (Lucas 6:31)

9. Hacemos enmiendas directas a esas personas siempre que sea posible, excepto si cuando al hacerlo pueda lastimarlas o lastimar a otras.

"Por lo tanto si estás presentando tu ofrenda en el altar y allí recuerdas que tu hermano tiene algo contra ti, deja tu ofrenda allí delante del altar. Ve primero y reconcíliate con tu hermano; luego vuelve y presenta tu ofrenda." (Mateo 5:23–24)

10. Continuamos haciendo el inventario personal y cuando nos equivocamos lo admitimos inmediatamente.

"Por lo tanto, si alguien piensa que está firme, tenga cuidado de no caer." (1 Corintios 10:12)

11. Buscamos a través de la oración y la meditación mejorar nuestra relación con Dios, orando solo para conocer Su voluntad para nosotros y poder para llevarla a cabo.

"Que habite en ustedes la palabra de Cristo con toda su riqueza."
(Colosenses 3:16)

12. Después de haber tenido una experiencia personal como resultado de estos pasos, intentamos llevar este mensaje a otros y practicar estos principios en todas nuestras áreas.

"Hermanos, si alguien es sorprendido en pecado, ustedes que son espirituales deben restaurarlo con una actitud humilde. Pero cuídese cada uno, porque también puede ser tentado."
(Gálatas 6:1)

*A través de este material, notará muchas referencias a los doce pasos Cristo-céntricos. Nuestra oración es que Celebremos la Recuperación cree un puente para los millones de personas familiarizadas con los doce pasos seculares (reconozco el uso de algunos materiales de los doce pasos sugeridos de Alcohólicos Anónimos) y al hacer esto, presentarles al único y verdadero Poder Superior, Jesucristo. Una vez que hayan comenzado esa relación, invitando a Cristo en sus corazones como Señor y Salvador, ¡la verdadera sanidad y recuperación comienzan!

ORACIÓN DE LA SERENIDAD

Si usted ha asistido a programas seculares de recuperación, ha visto las primeras cuatro frases de la "Oración de la Serenidad". La siguiente es la oración completa. ¡Le animo a hacerla diariamente al trabajar los principios!

Oración de la Serenidad

Dios, concédeme la serenidad
para aceptar las cosas que no puedo cambiar,
el valor para cambiar las cosas que sí puedo cambiar,
y la sabiduría para conocer la diferencia.
viviendo un día a la vez;
disfrutando un momento a la vez;
aceptando la dificultad como el camino hacia la paz;
tomando, como Jesús lo hizo,
este mundo pecador tal cual es,
no como sería;
confiando que tú harás que todo salga bien
si me entrego a tu voluntad;
para que sea razonablemente feliz en esta vida
y sumamente feliz contigo por siempre en la eternidad.
Amén.

Reinhold Niebuhr

Reglas para los grupos pequeños de Celebremos la Recuperación

Las siguientes cinco reglas asegurarán que su grupo pequeño esté en un lugar seguro. Tienen que ser leídas al inicio de cada reunión.

1. Mantenga su testimonio enfocado en sus propios pensamientos y sentimientos. Limite su tiempo para compartir sus experiencias de tres a cinco minutos.
2. NO hay conversación cruzada. Conversación cruzada es cuando dos personas se involucran en una conversación excluyendo a los demás. Cada persona es libre de expresar sus sentimientos sin interrupciones.
3. Estamos aquí para apoyarnos los unos a los otros, no para "arreglar" a los demás.
4. El anonimato y la confidencialidad son requisitos básicos. Lo que se comparte en el grupo, se queda en el grupo. La única excepción es cuando alguien amenace con hacerse daño a sí mismo o a otros.
5. El lenguaje ofensivo no tiene lugar en un grupo de recuperación Cristo-céntrico.

Lección 19

ENCRUCIJADA

Principio 7: Reservo un tiempo diario con Dios para una autoevaluación, lectura de la Biblia y oración con el fin de conocer a Dios y Su voluntad para mi vida y obtener el poder para seguirla.

Paso 10: Continuamos haciendo el inventario personal y cuando nos equivocamos lo admitimos inmediatamente.

"Por lo tanto, si alguien piensa que está firme, tenga cuidado de no caer." (1 Corintios 10:12)

Piense acerca de esto

Jesús dice: "Si se mantienen fieles a mis enseñanzas... conocerán la verdad, y la verdad los hará libres." (Juan 8:31–32) Al trabajar los principios y seguir las instrucciones de Cristo, el fundamento de su vida ha sido reconstruido. Usted verá indudablemente grandes cambios en su vida, ¡si no los ha visto todavía! Pero ahora está en la ENCRUCIJADA de su recuperación.

Primera Corintios 10:12 nos advierte: "Por lo tanto, si alguien piensa que está firme, tenga cuidado de no caer." Los Pasos del 10 al 12 (Principios 7 y 8) son donde viviremos nuestra recuperación para el resto de nuestro tiempo aquí en la tierra. Son más que pasos de mantenimiento, como algunos han opinado de ellos. Son "los pasos y principios sobre cómo quiero vivir el resto de mi vida."

Al comenzar a trabajar el Paso 10[1], veremos que está compuesto de cuatro partes importantes, cada una corresponde al acróstico para esta lección, DIEZ.

Dedique tiempo para hacer un inventario diariamente

1. El *qué*: "Continuamos haciendo el inventario personal…"

"Hagamos un examen de conciencia y volvamos al camino del SEÑOR." (Lamentaciones 3:40)

Interrogantes para hacerse

2. El *por qué*: "….y cuando estamos equivocados…"

"Si afirmamos que no tenemos pecado, nos engañamos a nosotros mismos y no tenemos la verdad...Si afirmamos que no hemos pecado, lo hacemos pasar por mentiroso y su palabra no habita en nosotros." (1 Juan 1.8–10)

Evalúe las partes buenas y malas del día

3. El *entonces qué*: "…rápidamente lo admitimos."

"Por lo tanto si estás presentando tu ofrenda en el altar y allí recuerdas que tu hermano tiene algo contra ti, deja tu ofrenda allí delante del altar. Ve primero y reconcíliate con tu hermano; luego vuelve y presenta tu ofrenda." (Mateo 5:23–24)

Practique el escribir en su diario todos los días por una semana. Escriba su inventario a diario –lo bueno y lo malo. Busque por actitudes

1. Por favor tenga en cuenta que aunque el Paso 10 y el Principio 7 difieren de alguna manera en sus enfoques, ambos apuntan hacia el mismo resultado: El carácter y la imagen de Cristo en nuestra vida diaria. Este capítulo enfatizará el paso más que el principio, pero de ninguna manera intentamos quitar los muchos beneficios de vivir diariamente el Principio 7.

negativas, aspectos que esté escribiendo repetidamente y que rápidamente esté haciendo enmiendas por dichas cosas. Compártalas con su mentor o compañero de rendición de cuentas, y designe un plan de acción para que usted –con la ayuda de Dios– pueda zafarse y vencerlas.

Escriba acerca de esto

1. Antes que comience a trabajar en el Paso 10, tome un momento para reflexionar y haga una lista de algunos de los cambios en su vida que han resultado de trabajar los pasos y principios con Jesús como su Poder Superior.
   - ¿Cómo ha cambiado su comportamiento?
   - ¿Qué relaciones específicas han sido restauradas o mejoradas?
   - ¿Cómo ha crecido su relación con Jesús desde que comenzó su viaje de recuperación?

- Haga una lista de las nuevas amistades que ha hecho durante este viaje.

2. En sus propias palabras, ¿qué significa para usted el Paso 10?
   - El *qué*: "Continuamos haciendo el inventario personal…"
   - El *por qué*: "…y cuando estamos equivocados…"
   - El *entonces qué*: "…rápidamente lo admitimos."

3. Escriba en su diario en los próximos siete días. Anote las cosas buenas así como las cosas malas. Escriba las victorias y las áreas que necesiten crecimiento. Busque por actitudes. Compártalas con su mentor o compañero de rendición de cuentas al finalizar la semana.

Su diario del paso 10

Día Uno

Día Dos

Día Tres

Día Cuatro

Día Cinco

Día Seis

Día Siete

4. ¿Qué aprendió al llevar su diario?

5. ¿Qué áreas identificó como fortalezas?

6. ¿En qué áreas necesita trabajar?

Sugerencia: ¡Es un hábito saludable!

Llevar un diario es una herramienta clave para ayudarle a mantenerse en el camino hacia la recuperación. Lo ha hecho por siete días, ¿porque detenerse ahora?

Lección 20

INVENTARIO DIARIO

Principio 7: Reservo un tiempo diario con Dios para una autoevaluación, lectura de la Biblia y oración con el fin de conocer a Dios y Su voluntad para mi vida y obtener el poder para seguirla.

Paso 10: Continuamos haciendo el inventario personal y cuando nos equivocamos lo admitimos inmediatamente.

"Por lo tanto, si alguien piensa que está firme, tenga cuidado de no caer." (1 Corintios 10:12)

Piense acerca de esto

En el Principio 7 y el Paso 10 comenzamos a aplicar lo que hemos descubierto en los primeros seis principios y nueve pasos: Humildemente vivimos en la realidad, no en negación; hemos hecho lo mejor para enmendar el pasado; deseamos crecer diariamente en nuestra nueva relación con Jesucristo y con otros.

Dios nos ha provisto una lista de control diaria para nuestro nuevo estilo de vida. Se llama el "Gran Mandamiento":

"'Ama al Señor tu Dios con todo tu corazón, con todo tu ser y con toda tu mente' —le respondió Jesús—. Éste es el primero y el más importante de los mandamientos. El segundo se parece a éste: 'Ama a tu prójimo como a ti mismo.' De estos dos mandamientos dependen toda la ley y los profetas." (Mateo 22:37–40)

Santiago 1:22 (LBAD) nos anima: "No nos engañemos; éste es un mensaje que no sólo debemos oír sino poner en práctica." Cuando practicamos el Gran Mandamiento, nos volvemos "Hacedores de la Palabra", vivos ejemplos de Cristo. ¡Nuestro actuar concuerda con nuestro hablar! El apóstol Pablo vivió de esa forma. Él dice en 1 Tesalonicenses 1:5 (LBAD): "Con nuestra manera de vivir les demostramos la veracidad de nuestro mensaje."

Hay tres formas de hacer un inventario del paso 10.

Constante

Podemos hacer esto periódicamente a través del día. El mejor tiempo para admitir que estamos equivocados ¡es el tiempo exacto cuando nos damos cuenta de ello! ¿Por qué esperar? Necesitamos hacer enmiendas ¡TAN PRONTO COMO SEA POSIBLE! ¡Dormiremos mucho mejor en la noche!

Diariamente

Al final de cada día necesitamos meditar acerca de las actividades diarias, lo positivo y lo negativo. Necesitamos investigar dónde o en qué momento probablemente herimos a alguien o cuándo actuamos siendo movidos por el temor o el enojo. ¡La mejor forma de practicarlo es elaborando un diario! Luego en la mañana, tan pronto como podamos, necesitamos admitir los errores y hacer nuestras enmiendas.

Periódicamente

Cada tres meses, escápese a un "miniretiro". Llévese su diario. Ore y lea su inventario. Pídale a Dios que le muestre áreas en su vida que pueda mejorar en los próximos 90 días ¡y las victorias logradas en los últimos 90 días!

La Biblia nos da instrucciones de cómo evitar la necesidad de hacer enmiendas en el Paso 10:

"Quien piensa bien las cosas se fija en lo que dice; quien se fija en lo que dice convence mejor." (Proverbios 16:23 TLA)

"Eviten toda conversación obscena. Por el contrario, que sus palabras contribuyan a la necesaria edificación y sean de bendición para quienes escuchan." (Efesios 4:29)

"Al que piensa sabiamente, se le llama inteligente; las palabras amables convencen mejor." (Proverbios 16:21 DHH)

"¡Una palabra de aliento produce maravillas!" (Proverbios 12:25 LBAD)

"Si yo tuviera el don de hablar en lenguas extrañas, si pudiera hablar en cualquier idioma celestial o terrenal, y no sintiera amor hacia los demás, lo único que haría sería ruido." (1 Corintios 13:1 LBAD)

El plan de acción diario del paso 10

1. Continúe llevando un inventario diario y cuando se equivoque, trate de enmendar la situación rápidamente.
2. Resuma los eventos de su día en su diario.
3. Lea y memorice uno de los versículos del Paso 10.
4. Trabaje todos los pasos y principios lo mejor que pueda.

El versículo clave para esta lección es Marcos 14:38: "Vigilen y oren para que no caigan en tentación. El espíritu está dispuesto, pero el cuerpo es débil."

Oración del Principio 7a

Querido Dios, gracias por este día. Gracias por darme las herramientas para trabajar en mi programa y vivir mi vida en forma diferente, centrada en tu voluntad. Señor, ayúdame a hacer mis enmiendas rápidamente y a pedir perdón. Y al relacionarme hoy ayúdame a hacer la parte que me corresponde en que sean relaciones saludables y firmes. En el nombre de Jesús oro. Amén.

Escriba acerca de esto

1. ¿Cuáles son algunas de las ventajas de cada uno de los tres tipos de inventarios en su recuperación? ¿Cómo le pueden ayudar a "cuidarse de no caer"?

   - Constante:

   - Diario:

   - Periódico (mensualmente, cada cuatro meses, o anualmente):

2. ¿Qué significan para usted los siguientes versículos y cómo pueden ayudarle en este paso?
   "Quien piensa bien las cosas se fija en lo que dice; quien se fija en lo que dice convence mejor." (Proverbios 16:23 TLA)

"Eviten toda conversación obscena. Por el contrario, que sus palabras contribuyan a la necesario edificación y sean de bendición para quienes escuchan." (Efesios 4:29)

"Al que piensa sabiamente, se le llama inteligente; las palabras amables convencen mejor." (Proverbios 16:21 DHH)

"Los corazones ansiosos están apesadumbrados, pero una palabra de aliento produce maravillas." (Proverbios 12:25 LBAD)

"Si yo tuviera el don de hablar en lenguas extrañas, si pudiera hablar en cualquier idioma celestial o terrenal, y no sintiera amor hacia los demás, lo único que haría sería ruido." (1 Corintios 13:1 LBAD)

"Vigilen y oren para que no caigan en tentación. El espíritu está dispuesto, pero el cuerpo es débil." (Marcos 14:38)

3. ¿Cuál es su plan de acción diario para el Paso 10?

4. ¿Cuáles son los eventos recurrentes o aspectos por los cuales está necesitando hacer enmiendas?
   - ¿Con su familia?
   - ¿Con sus amigos?
   - ¿Con sus compañeros de trabajo?
   - ¿Con aquellos de su iglesia o su programa de recuperación?

VERSÍCULOS DEL PRINCIPIO 7A

"Como mensajero de Dios les advierto: no se consideren mejores de lo que son; valórense de acuerdo al grado de fe que Dios les ha permitido." (Romanos 12:3 LBAD)

"Aférrate a la fe en Cristo y conserva limpia tu conciencia, haciendo siempre lo que es justo." (1 Timoteo 1:19 LBAD)

"Sométeme a examen, oh Señor, y compruébalo; prueba también mis móviles y afectos." (Salmos 26:2 LBAD)

"Nosotros podemos justificarnos de cuanto hacemos, pero Dios pesa nuestras intenciones." (Proverbios 21:2 LBAD)

"El hombre sensato se anticipa a los problemas y se prepara para enfrentárseles. El simple no prevé y sufre las consecuencias." (Proverbios 27:12 LBAD)

"Vigila estrechamente tus acciones y pensamientos. Mantente fiel a lo que es justo y Dios te bendecirá y usará en la sublime tarea de ayudar a tus oyentes a alcanzar la salvación."(1 Timoteo 4:16 LBAD)

"Por lo tanto, si alguien piensa que está firme, tenga cuidado de no caer." (1 Corintios 10:12)

"Reconcíliate con tu enemigo pronto, antes que sea demasiado tarde." (Mateo 5:25 LBAD)

"Hermanos míos, considérense muy dichosos cuando tengan que enfrentarse con diversas pruebas, pues ya saben que la prueba de su fe produce constancia." (Santiago 1:2–3)

"La actitud apacible prolonga la vida del hombre; los celos la pudren." (Proverbios 14:30 LBAD)

Lección 21

RECAÍDA

Principio 7: Reservo un tiempo diario con Dios para una autoevaluación, lectura de la Biblia y oración con el fin de conocer a Dios y Su voluntad para mi vida y obtener el poder para seguirla.

Paso 11: Buscamos a través de la oración y la meditación mejorar nuestra relación con Dios, orando solo para conocer Su voluntad para nosotros y poder para llevarla a cabo.

"Que habite en ustedes la palabra de Cristo con toda su riqueza." (Colosenses 3:16)

Piense acerca de esto

Las mejores formas para prevenir la recaída pueden resumirse en el acróstico RECAÍDA.

Reserve un tiempo a solas con Dios todos los días

El Principio 7 lo resume: Reserve un tiempo diario con Dios para una autoevaluación, lectura Bíblica y oración para conocer a Dios y Su voluntad para mi vida y *obtener el poder* para seguirla.

"Vigilen y oren para que no caigan en tentación. El espíritu está dispuesto, pero el cuerpo es débil." (Marcos 14:38)

Evalúe

Su evaluación necesita incluir su salud física, emocional, relacional y espiritual. Y no olvide el valor de hacer un chequeo de "CORAZÓN" (H-E-A-R-T en inglés)

¿Está usted...

Herido?
Exhausto?
Airado o enojado?
Resentido?
Tenso?

Las instrucciones especiales para este paso se encuentran en Romanos 12:3–17 (LBAD): "Valórense de acuerdo al grado de fe que Dios les ha permitido... Aborrece lo malo. Ponte de parte del bien. Ámense con cariño de hermanos... Ten paciencia si sufres... Actúa siempre honrada y limpiamente."

Conéctese al poder de Dios por medio de la oración

La dirección e instrucción de Dios pueden comenzar ¡cuando sus demandas paren! Sea específico en sus peticiones de oración; ore por todo, pida por la perfecta voluntad de Dios.

"No se afanen por nada; más bien oren por todo. Presenten ante Dios sus necesidades y después no dejen de darle gracias por sus respuestas." (Filipenses 4:6 LBAD)

A solas y quieto

Jesucristo pasó tiempo a solas con su Padre. Usted necesita hacer lo mismo. Establezca una cita diaria para estar a solas con Dios. Escuche cuidadosamente; ¡aprenda cómo escuchar a Dios!

Importante disfrutar de su crecimiento

¡Regocíjese y celebre los pequeños triunfos a lo largo de su camino a la recuperación! Siempre recuerde que está en un viaje, un viaje de varios pasos. Mantener una "actitud de gratitud" es como tomar vitaminas espirituales.

Comparta sus victorias –no importa que tan pequeñas sean– con otros en su grupo. ¡Su crecimiento les dará esperanza a otros!

"Estén siempre contentos. Oren en todo momento. Den gracias a Dios en cualquier circunstancia. Esto es lo que Dios espera de ustedes como cristianos que son." (1 Tesalonicenses 5:16–18 TLA)

Deténgase lo suficiente para escuchar a Dios

Nos volvemos impacientes. ¡Queremos que nuestras oraciones sean contestadas ahora! Necesitamos recordar que nuestro tiempo puede ser defectuoso, ¡mientras que el de Dios es perfecto!

"De lo contrario, escúchame. ¡Mantén silencio, y yo te enseñaré sabiduría!" (Job 33:33 LBAD)

"Haciendo esto [presentar sus peticiones a Dios] sabrán ustedes lo que es la paz de Dios, la cual es tan extraordinariamente maravillosa que la mente humana no podrá jamás entenderla. Su paz mantendrá sus pensamientos y su corazón en la quietud y el reposo de la fe en Jesucristo." (Filipenses 4:7 LBAD)

A Jesús, Su Poder Superior, escuche

Necesitamos tomar un tiempo separado del "correr frenético del mundo" lo suficiente como para escuchar nuestros cuerpos, nuestras mentes y nuestras almas. Necesitamos detenernos para escuchar las instrucciones de Dios.

"Antes bien, examínenlo todo cuidadosamente, retengan lo bueno." (1 Tesalonicenses 5:21 NBLH)

"Cada uno esté seguro de que actúa correctamente, porque sentirá la satisfacción del deber cumplido sin tener que andar comparándose con nadie." (Gálatas 6:4 LBAD)

"Escuchen al Señor. ¡Escuchen lo que les dice!" (Isaías 1:10 LBAD)

Aquí hay algunas sugerencias finales para prevenir una recaída:

1. Ore y lea su Biblia diariamente. Establezca un tiempo específico del día para tener su "momento a solas con Dios".
2. Haga de su asistencia a las reuniones de recuperación una prioridad. Permanezca cerca de su equipo de apoyo.
3. Pase tiempo con su familia (si son creyentes). Si no lo son, pase tiempo con su familia de la iglesia.
4. Involúcrese en el servicio. ¡Sea voluntario!

Escriba acerca de esto

1. ¿Cuáles son algunas de las formas (herramientas) que usted ha adquirido en su recuperación para prevenir una recaída?

2. Haga un chequeo de CORAZON (H-E-A-R-T) en este momento. ¿Está usted...

   Herido?

Exhausto?

Airado o enojado?

Resentido?

Tenso?

3. Específicamente, ¿qué hace cuando está…

Herido?

Exhausto?

Airado o enojado?

Resentido?

Tenso?

4. Clasifique su habilidad para escuchar del 1 al 10, siendo 10 el mejor.

   - ¿Cuáles son algunas formas que piensa que podría mejorar en su habilidad para escuchar a otros?

- ¿Cuáles son algunas formas en las que podría mejorar su habilidad para escuchar a Dios?

5. Describa que significa para usted "un tiempo en silencio" y por qué es importante.

6. ¿Cómo podría mejorar su tiempo de oración? Sea específico.

   ¿Cuándo ora?

   ¿Dónde ora?

7. Después que ora, ¿se detiene lo suficiente como para escuchar la respuesta de Dios? ¿Qué significa para usted en este paso la palabra "meditación"?

8. ¿Cuáles son algunas de las otras cosas que hace en su recuperación para ayudarse en su viaje y para prevenir una recaída?

9. Creo que todos estamos de acuerdo que la recuperación es un gozo, pero también requiere de un arduo trabajo. ¿Qué hace para celebrar su recuperación, aún las pequeñas victorias?

Lección 22

GRATITUD

Principio 7: Reservo un tiempo diario con Dios para una autoevaluación, lectura de la Biblia y oración con el fin de conocer a Dios y Su voluntad para mi vida y obtener el poder para seguirla.

Paso 11: Buscamos a través de la oración y la meditación mejorar nuestra relación con Dios, orando solo para conocer Su voluntad para nosotros y poder para llevarla a cabo.

"Que habite en ustedes la palabra de Cristo con toda su riqueza." (Colosenses 3:16)

Piense acerca de esto

Una de las maneras más grandes para trabajar el Principio 7 y prevenir una recaída es mantener una "actitud de gratitud".

En sus oraciones esta semana enfóquese en su gratitud hacia DIOS, y hacia OTROS que Él ha puesto en su vida, su RECUPERACIÓN y su IGLESIA.

Sea agradecido con Dios

"No se afanen por nada; más bien oren por todo. Presenten ante Dios sus necesidades y después no dejen de darle gracias por sus respuestas." (Filipenses 4:6 LBAD)

"¡Oh que los hombres alabaran al Señor por su amorosa bondad y por todas sus maravillas!" (Salmos 107:15 LBAD)

Sea agradecido por los demás

"Y que la paz de Cristo reine en vuestros corazones, a la cual en verdad fuisteis llamados en un solo cuerpo; y sed agradecidos. Que la palabra de Cristo habite en abundancia en vosotros, con toda sabiduría enseñándoos y amonestándoos unos a otros con salmos, himnos y canciones espirituales, cantando a Dios con acción de gracias en vuestros corazones." (Colosenses 3:15–16 LBLA)

Agradezca por su recuperación

"Por tanto, puesto que tenemos en derredor nuestro tan gran nube de testigos, despojémonos también de todo peso y del pecado que tan fácilmente nos envuelve, y corramos con paciencia (perseverancia) la carrera que tenemos por delante." (Hebreos 12:1 NBLH)

Agradezca por su iglesia

"Entren por sus puertas con acción de gracias." (Salmos 100:4)

Oración del Principio 7b

Querido Dios, ayúdame a poner a un lado las molestias y ruidos de este mundo. Ayúdame a enfocarme y escucharte solamente a ti por los próximos minutos. Ayúdame a conocerte mejor. Ayúdame a entender tu plan, tu propósito para mi vida. Padre, ayúdame a vivir en el hoy, buscando tu voluntad y viviendo este día como tú deseas.

Es mi oración que otros me vean como tu hijo, no solamente en mis palabras, sino en lo más importante, en mis actitudes. Gracias por tu amor, tu gracia, tu perfecto perdón. Gracias por todos los que has puesto en mi vida, por mi programa, mi recuperación y mi familia de la iglesia. Que se haga tu voluntad, no la mía. En el nombre de tu hijo oro. Amén.

Escriba acerca de esto

1. ¿Por qué cree que es importante para usted mantener una "actitud de gratitud" en su recuperación?

2. Escriba tres áreas de su recuperación en las cuáles está especialmente agradecido por el poder de Dios en su recuperación. Trate de pensar en áreas de crecimiento o cambios positivos en usted que solamente Dios pudo haber logrado.
   a.

   b.

   c.

3. Escriba el nombre de tres personas que Dios ha puesto en su recuperación por las cuales usted está agradecido y por qué.

a.

b.

c.

4. Escriba tres áreas de su ministerio de recuperación, por las cuales está agradecido. Grupos pequeños u otros eventos por los que esté agradecido, y ¿por qué?

   a.

   b.

   c.

5. Haga una lista de tres cosas en su iglesia por las que esté agradecido. Sea específico.

   a.

b.

c.

6. ¡Felicidades! Ha completado su primera lista de *gratitud*. Revísela. ¿Cómo lo hace sentir?

7. Permita que las personas en su lista sepan qué impacto han tenido en su recuperación, y agradezca a cada una de ellas ¡personalmente!

Versículos del principio 7B

"La Biblia entera nos fue dada por inspiración de Dios y es útil para enseñarnos la verdad, hacernos comprender las faltas cometidas en la vida y ayudarnos a llevar una vida recta." (2 Timoteo 3:16 LBAD)

"Renueven sus actitudes y pensamientos." (Efesios 4:23 LBAD)

"Estad quietos, y sabed que yo soy Dios." (Salmos 46:10 LBLA)

"Espera un poco, Job, y escucha; ponte a pensar en las maravillas de Dios." (Job 37:14)

"Y si abandonan las sendas de Dios y se extravían, escucharán tras ustedes una Voz que dirá: 'No, éste es el camino, caminen por aquí.'" (Isaías 30:21 LBAD)

"Dichosos los que no se guían por consejos de malvados, ni andan con pecadores, ni se burlan de las cosas de Dios, sino que se deleitan en hacer la voluntad de Dios, y día y noche meditan en sus leyes y en cómo andar en mayor intimidad con Él." (Salmos 1:1–2 LBAD)

"Por tanto, ceñid vuestro entendimiento para la acción; sed sobrios en espíritu, poned vuestra esperanza completamente en la gracia que se os traerá en la revelación de Jesucristo. Como hijos obedientes, no os conforméis a los deseos que antes teníais en vuestra ignorancia." (1 Pedro 1:13–14 LBLA)

"Cuídate. Mantente en la senda y estarás a salvo. No tomes el atajo; retira tu pie del peligro." (Proverbios 4:26–27 LBAD)

"Vigilen y oren para que no caigan en tentación. El espíritu está dispuesto, pero el cuerpo es débil." (Marcos 14:38)

"Regocíjate en los planes que Dios tiene para ti. Ten paciencia si sufres, y nunca dejes de orar." (Romanos 12:12 LBAD)

"La vida que ahora viven es completamente nueva; cada día, pues, aprenden ustedes más de lo que es justo; traten constantemente de asemejarse más a Cristo, creador de esta nueva vida."
(Colosenses 3:10 LBAD)

"El que desee saber lo que Dios espera de él, pregúntele al Señor. El con gusto le responderá, pues siempre está dispuesto a conceder sabiduría en abundancia a los que la solicitan."
(Santiago 1:5 LBAD)

Lección 23

Dar

Principio 8: Al rendir mi vida a Dios para ser usada puedo llevar estas Buenas Nuevas a otros, tanto con mi ejemplo como con mis palabras.

"Dichosos los perseguidos por causa de la justicia, porque el reino de los cielos les pertenece." (Mateo 5:10)

Paso 12: Después de haber tenido una experiencia personal como resultado de estos pasos, intentamos llevar este mensaje a otros y practicar estos principios en todas nuestras áreas.

"Hermanos, si alguien es sorprendido en pecado, ustedes que son espirituales deben restaurarlo con una actitud humilde. Pero cuídese cada uno, porque también puede ser tentado." (Gálatas 6:1)

Piense acerca de esto

"De gracia recibisteis, dad de gracia." (Mateo 10:8 LBLA)

¿Qué significa DAR? Veámoslo como DARÉ:

Dios primero

Al poner primero a Dios en su vida, se dará cuenta que todo lo que tiene es un regalo de Él. Se da cuenta que su recuperación no depende de cosas materiales. Está edificado sobre su fe y su deseo de seguir la dirección de Cristo.

"El que no negó ni a Su propio Hijo, sino que Lo entregó por todos nosotros, ¿cómo no nos dará también junto con Él todas las cosas?" (Romanos 8:32 NBLH)

"Nadie puede servir a dos señores; porque o aborrecerá a uno y amará al otro; o apreciará a uno y despreciará al otro." (Mateo 6:24 LBAD)

Abandonar el "YO" para convertirlo en "NOSOTROS"

Los doce pasos no comienzan con la palabra "YO". La primera palabra en el Paso 1 es "nosotros". El Camino a la recuperación no tiene como propósito que sea hecho a solas.

"'Ama al Señor tu Dios con todo tu corazón, con todo tu ser y con toda tu mente'... Éste es el primero y el más importante de los mandamientos. El segundo se parece a éste: 'Ama a tu prójimo como a ti mismo.'" (Mateo 22:37–39)

"Más valen dos que uno solo, pues tienen mejor remuneración de su trabajo. Porque si uno de ellos cae, el otro levantará a su compañero; pero ¡ay del que cae cuando no hay otro que lo levante!... Y si alguien puede prevalecer contra el que está solo, dos lo resistirán." (Eclesiastés 4:9–12 LBLA)

Recordar las victorias para compartirlas

¡Dios nunca desperdicia una herida! El Principio 8 nos da la oportunidad de compartir nuestras experiencias, fortalezas, y esperanzas. "Así es cómo me pasó a mí." "Esto es lo que me sucedió a mí..." "Así es como obtuve la fortaleza." "Hay esperanza para ti".

"Bendito sea el Dios y Padre de nuestro Señor Jesucristo, Padre de misericordias y Dios de toda consolación, el cual nos consuela en toda tribulación nuestra, para que nosotros podamos consolar a los que están en cualquier aflicción con el consuelo con que nosotros mismos somos consolados por Dios." (2 Corintios 1:3–4 LBLA)

Ejemplo con nuestras acciones

En Santiago 1:22 dice que debemos ser "hacedores de la Palabra". Pero para ser de ayuda a otro, tenemos que "llevar el mensaje a todas nuestras actividades."

Todos han escuchado el término "cristianos domingueros". No nos volvamos simplemente "aficionados en recuperación solamente del viernes por la noche".

"Hijitos míos, que nuestro amor no sea solamente de palabra, sino que se demuestre con hechos." (1 Juan 3:18 DHH)

El Señor esparce Su mensaje a través de los ocho principios y los 12 Pasos Cristo-céntricos. Somos los instrumentos para entregar las Buenas Nuevas. ¡La forma en que vivimos confirmará a otros la sinceridad de nuestro compromiso con nuestro Señor, con el programa y con ellos! Ese es el principio 8.

"Nadie enciende una lámpara para después cubrirla con un vasija o ponerla debajo la cama, sino para ponerla en una repisa, a fin de que los que entren tengan luz. No hay nada escondido que no llegue a descubrirse, ni nada oculto que no llegue a conocerse públicamente. Por lo tanto, pongan mucha atención. Al que tiene, se le dará más; al que no tiene, hasta lo que cree tener se le quitará." (Lucas 8:16–18)

Escriba acerca de esto

1. ¿Qué significa para usted Mateo 10:8 (LBLA) –"De gracia recibisteis, dad de gracia"?

2. ¿En qué forma su intento de poner a Dios en primer lugar en su vida ha cambiado su entendimiento de la palabra "dar"?

3. Eclesiastés 4:9 nos dice que "dos son mejor que uno". Haga una lista de ejemplos específicos en su propia recuperación al ver este versículo en acción.

4. ¿Cuáles son algunas de sus victorias recientes que podría compartir con un nuevo asistente?

5. En Santiago 1:22 se nos dice que seamos “hacedores de la Palabra”. ¿Cómo puede ser un hacedor de la Palabra…

- …en su familia y con sus amigos?

- …en su grupo de recuperación?

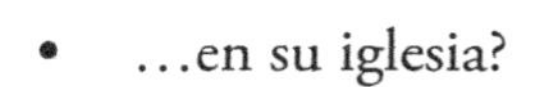

- …en su iglesia?

- …en el trabajo?

- …en su comunidad?

Lección 24

SÍ

Principio 8: Al rendir mi vida a Dios para ser usada puedo llevar estas Buenas Nuevas a otros, tanto con mi ejemplo como con mis palabras.

"Dichosos los perseguidos por causa de la justicia, porque el reino de los cielos les pertenece." (Mateo 5:10)

Paso 12: Después de haber tenido una experiencia personal como resultado de estos pasos, intentamos llevar este mensaje a otros y practicar estos principios en todas las áreas.

"Hermanos, si alguien es sorprendido en pecado, ustedes que son espirituales deben restaurarlo con una actitud humilde. Pero cuídese cada uno, porque también puede ser tentado." (Gálatas 6:1)

Piense acerca de esto

Cuando llega a este paso usted está listo para decir **SÍ** al servicio.

Sirva a otros como Jesús lo hizo

Cuando haya completado el Principio 8, está listo para levantar la "toalla del Señor", la cual Él utilizó para lavar los pies de Sus discípulos en el aposento alto.

"Y si yo, el Señor y Maestro, les he lavado los pies, ustedes deben lavarse los pies unos a otros. Yo les he dado el ejemplo. Háganlo como lo he hecho." (Juan 13:14–15 LBAD)

Incondicional entrega a Dios

El Principio 8 lo resume así: Rindo mi vida a Dios para ser usada y así llevar las Buenas Nuevas a otros, tanto con mi ejemplo como con mis palabras.

"Hermanos, si alguien es sorprendido en pecado, ustedes que son espirituales deben restaurarlo con una actitud humilde. Pero cuídese cada uno, porque también puede ser tentado." (Gálatas 6:1)

Su actuar necesita ser congruente con su hablar porque su estilo de vida refleja lo que usted cree. ¿Muestra su estilo de vida los patrones del mundo –egoísmo, orgullo y deseo– o refleja el amor, humildad y servicio de Jesucristo?

"El amor que proviene de un corazón limpio, de una buena conciencia y de una fe sincera." (1 Timoteo 1:5 DHH)

"Hijitos míos, que nuestro amor no sea solamente de palabra, sino que se demuestre con hechos." (1 Juan 3:18 DHH)

Cómo puede decir que Sí

1. *Sea un compañero a quien se le pueda rendir cuentas.* Busque a alguien en su grupo pequeño que esté de acuerdo en animarle y ayudarle mientras usted trabaja los principios. Esté de acuerdo en hacer lo mismo por esa persona. Háganse responsables el uno del otro para así desarrollar un programa honesto.

2. *Sea un mentor.* Los mentores son personas que han trabajado los pasos. Su compromiso es guiar a los recién llegados en su caminar a través del programa. Pueden dar un codazo amable cuando la persona que

están ayudando está postergando una decisión y calmarlos cuando están corriendo en un paso determinado. Los mentores hacen esto al compartir su viaje personal en su camino a la recuperación.

3. *Involúcrese en Celebremos la Recuperación y en la iglesia.* Hay muchas oportunidades para el servicio en este grupo de recuperación y en su propia iglesia.

Tiene que llegar a este punto en su camino a la recuperación

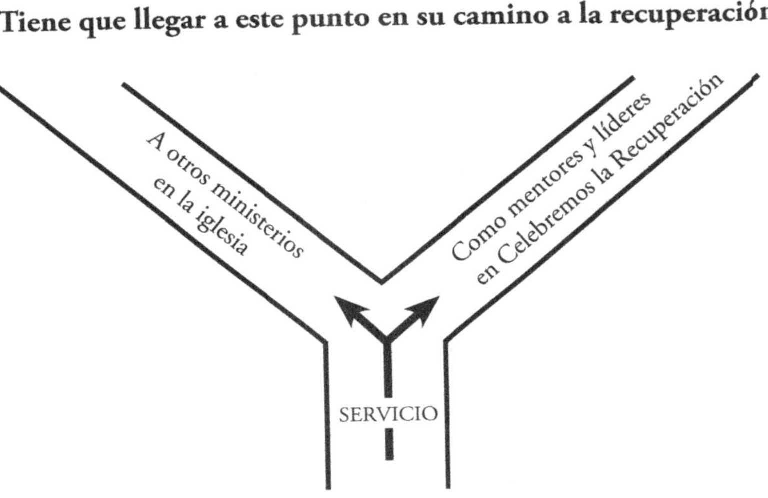

Recuerde, "¡No puede conservarlo a menos que lo entregue!"

Oración del Principio 8

Querido Jesús, según tu agrado, concédeme tener a alguien hoy a quien pueda servir. Amén.

Escriba acerca de esto

1. Si supiera que no fallará, ¿qué es lo que más le gustaría hacer para Dios al ayudar a otros?

2. ¿Cuáles son algunas maneras en que puede usar la toalla del Señor hoy (Juan 13:14–15) y comenzar a servir a otros?

3. ¿Qué le dice el dibujo de la Y en su camino a la recuperación?

4. En las palabras del Paso 12, ¿cómo va a "practicar todos estos principios en todas las áreas de su vida"?

5. Describa lo que significa para usted la frase "No lo puede conservar a menos que lo entregue" en su recuperación.

6. Cree su propio plan de acción para el Principio 8.
   Voy a explorar oportunidades para servir en las siguientes áreas:

   a.

   b.

   c.

Versículos del principio 8

"Bendito sea el Dios y Padre de nuestro Señor Jesucristo, Padre de misericordias y Dios de toda consolación, el cual nos consuela en toda tribulación nuestra, para que nosotros podamos consolar a los que están en cualquier aflicción con el consuelo con que nosotros mismos somos consolados por Dios." (2 Corintios 1:3–4 LBLA)

"Pero ¡cuidado! No olviden jamás lo que Dios hace por ustedes. ¡Que sus milagros tengan un efecto profundo y permanente en sus vidas! Cuenten a sus hijos y a sus nietos los gloriosos milagros que Él ha hecho."(Deuteronomio 4:9 LBAD)

"Así también la fe por sí sola, si no tiene obras, está muerta." (Santiago 2:17)

"Vivan y actúen como es digno de los que han sido escogidos como receptores de tan maravillosas bendiciones." (Efesios 4:1 LBAD)

"Los cristianos no tenemos el rostro cubierto y reflejamos la gloria del Señor como espejos claros." (2 Corintios 3:18 LBAD)

"En agradecimiento por lo que Dios ha hecho por nosotros, procuremos estimular entre nosotros el amor y las buenas obras." (Hebreos 10:24 LBAD)

"Cuando veas a algún hijo de Dios en necesidad, sé tú el que corra a ayudarlo… No finjas amar; ama de verdad. Aborrece lo malo. Ponte de parte del bien." (Romanos 12:13, 9 LBAD)

"Hermanos, si alguien es sorprendido en pecado, ustedes que son espirituales deben restaurarlo con una actitud humilde. Pero cuídese cada uno, porque también puede ser tentado." (Gálatas 6:1)

"Más valen dos que uno solo, pues tienen mejor remuneración de su trabajo. Porque si uno de ellos cae, el otro levantará a su compañero; pero ¡ay del que cae cuando no hay otro que lo levante!... Y si alguien puede prevalecer contra el que está solo, dos lo resistirán. Un cordel de tres hilos no se rompe fácilmente." (Eclesiastés 4:9–12 LBLA)

Lección 25

LAS SIETE RAZONES POR LAS QUE NOS ESTANCAMOS

Al completar su viaje, descubrirá las recompensas de ayudar a los nuevos asistentes. Su responsabilidad como mentor será de ayudar a otros en su viaje en el camino a la recuperación al guiarlos a través de los principios y pasos. Su tarea no es levantarlos y cargarlos en el recorrido de los pasos, sino estar junto a ellos mientras completan su viaje.

A veces, puede que necesite detenerles cuando estén yendo por los pasos apresuradamente; o quizás necesite apurarles cuando se estanquen en el camino. Hay siete áreas en las cuales he visto personas "estancarse" en algún punto en su recuperación. Es importante que esté familiarizado con cada una de ellas para ayudarles a salir de tal estancamiento.

No ha trabajado completamente el principio anterior

Quizás está intentando avanzar en los principios rápidamente. ¡Cálmese! ¡Dé tiempo a Dios para obrar! Recuerde, este programa es un proceso.

"Si vivimos por el Espíritu, andemos también por el Espíritu."
(Gálatas 5:25 LBLA)

No ha rendido su voluntad y vida completamente a Dios

Quizás está confiando en Jesús para las cosas "grandes", pero todavía piensa que puede manejar las cosas "pequeñas".

"Confía en el SEÑOR con todo tu corazón, y no te apoyes en tu propio entendimiento. Reconócele en todos tus caminos, y El enderezará tus sendas." (Proverbios 3:5–6 LBLA)

No ha aceptado la obra de Jesús en la cruz para su perdón

Quizás haya perdonado a otros, pero usted piensa que su pecado es demasiado grande para ser perdonado.

"Si confesamos nuestros pecados, Dios, que es fiel y justo, nos los perdonará y nos limpiará de toda maldad." (1 Juan 1:9)

"En él tenemos la redención mediante su sangre, el perdón de nuestros pecados, conforme a las riquezas de la gracia." (Efesios 1:7)

¿Se ha perdonado usted mismo?
Recuerde,

"Por lo tanto, ya no hay ninguna condenación para lo que están unidos a Cristo Jesús." (Romanos 8:1)

No ha perdonado realmente a otros que le han dañado

Debe dejar ir el dolor, el daño y abuso del pasado. Hasta que usted no libere y perdone la ofensa, esta seguirá teniéndole como su prisionero.

"Y después de que ustedes hayan sufrido un poco de tiempo, Dios mismo, el Dios de toda gracia que los llamó a su gloria eterna en Cristo, los restaurará y los hará fuertes, firmes y estables." (1 Pedro 5:10)

Tiene temor de arriesgarse a hacer los cambios necesarios

Puede que esté paralizado por el temor al fracaso. Quizás le tema a la intimidad por miedo al rechazo o a ser herido otra vez. Tal vez se resista al cambio (crecimiento) por temor a lo desconocido.

"No temas, pues yo estoy contigo. No te desanimes. Yo soy tu Dios. Yo te fortaleceré; yo te ayudaré; yo te sostendré con mi triunfante diestra." (Isaías 41:10 LBAD)

"Así que podremos decir sin temor ni duda: 'El Señor es el que me ayuda; no temo lo que me pueda hacer el hombre.'" (Hebreos 13:6 LBAD)

No está dispuesto a "aceptar" su responsabilidad

Necesita tomar la responsabilidad que le corresponde en una relación rota, una amistad dañada, un hijo o padre distante.

"Examíname, oh Dios, y sondea mi corazón; ponme a prueba y sondea mis pensamientos. Fíjate si voy por mal camino, y guíame por el camino eterno." (Salmos 139:23–24)

No ha desarrollado un equipo de apoyo efectivo

¿Tiene un mentor o compañero a quien rendir cuentas? ¿Tiene los números de teléfono de otros en su grupo pequeño? ¿Ha sido voluntario para alguna responsabilidad con su grupo de apoyo?

"Anda con sabios y serás sabio; anda con los malvados y serás malvado." (Proverbios 13:20 LBAD)

"Amados hermanos, ustedes fueron llamados a libertad; pero no a la libertad de hacer lo malo sino a la libertad de amar y servir a los demás." (Gálatas 5:13 LBAD)

"Lleven los unos las cargas de los otros, y cumplan así la ley de Cristo (el Mesías)." (Gálatas 6:2 NBLH)

EPÍLOGO

¡FELICIDADES! ¡Ha completado los ocho Principios y los doce Pasos! Por demás está decirle que no fue un logro fácil. Hay muchas recompensas que se encuentran en este programa Cristo-céntrico. Es importante que comparta su "milagro" con otros. ¡Usted es un vivo ejemplo de la gracia de Dios! Oro para que siga creciendo en Cristo, en su recuperación y en su servicio a los demás. A continuación encuentre el Plan de acción de Celebremos la Recuperación para la serenidad.

En Sus pasos,
John Baker

Plan de Acción Diario para la Serenidad de Celebremos la Recuperación

1. Diariamente, siga haciendo su inventario. Cuando se equivoque, admítalo rápidamente.
2. Diariamente estudie la Palabra y ore pidiéndole a Dios que le guíe y le ayude a aplicar su enseñanza y voluntad en su vida.
3. Diariamente trabaje y viva los ocho principios con lo mejor de su capacidad, buscando siempre nuevas oportunidades para ayudar y servir a otros, no solamente en sus reuniones de recuperación sino en todas las áreas de su vida.